CHIWIIRI y KOONAM

LEYENDA PANARE

Original de

Antonio J. González-Fernández

Guanare – VENEZUELA

2015

PARA CITAR ESTA OBRA:

GONZÁLEZ-FERNÁNDEZ, Antonio J. 2015. Chiwiiri y Koonam: Leyenda Panare. Ed. Documentos Digitales Originales – **DOCDIGORI®**, Guanare, Venezuela. 24 pp.

ESTA OBRA FUE EDITADA POR

DEDICATORIA

*Con eterna gratitud, dedico esta breve obra
a la memoria del chamán To'sé MENDOZA
de la comunidad panare o e'ñepa de Corozal,
por sus enseñanzas y por los buenos momentos
compartidos en las sabanas, selvas y rocas
del río Maniapure.*

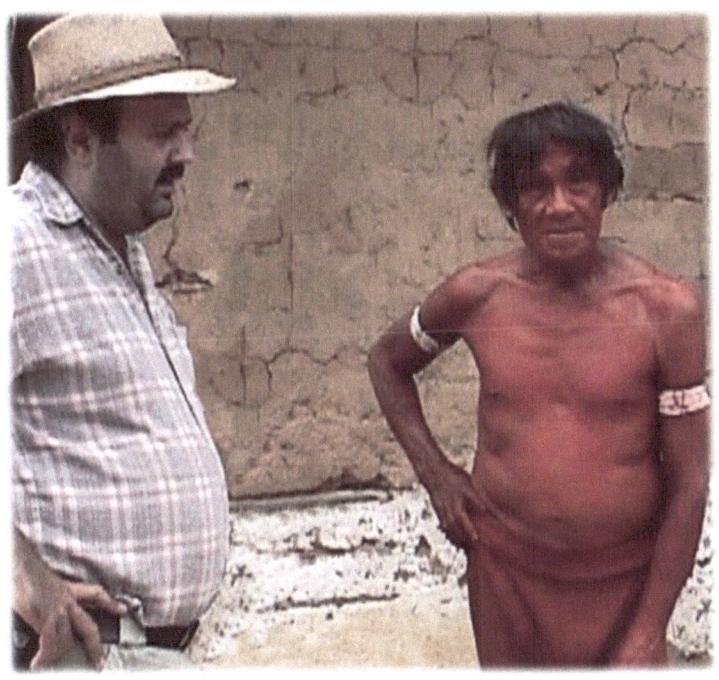

**El autor conversando con el chamán
To'sé MENDOZA en la comunidad panare o
e'ñepa de Corozal, estado Bolívar, Venezuela.**

CHIWIIRI y KOONAM

LEYENDA PANARE

Antonio J. González-Fernández

> El 25 de Agosto de 1999 en la media noche, me acosté sobre una de las grandes piedras graníticas que bañan las aguas del río Maniapure y me puse a contemplar la grandeza del universo. Solamente la luz de las estrellas iluminaba el ambiente cuando recibí este mensaje que me llegó directamente desde las piedras del Gran Chiwiiri de Maniapure.
>
> AJGF

El pueblo indígena Panare, E´ñapa o E´ñepa se originó hace muchos años, mucho antes de que llegaran los españoles a las tierras americanas. El primer hombre y la primera mujer Panare nacieron de la montaña que está en el río Cuchivero arriba. La montaña se abrió y de adentro salieron los dos primeros Panares y muchos animales como dantas, paujíes, venados, guacharacas, lapas y grullas. El primer hombre Panare se llamó **Mareoka** y junto con su mujer fundó la primera comunidad Panare en el alto Cuchivero.

Mareoka tuvo dos hijos hombres y muchas hijas que también tuvieron muchos hijos y fundaron otras comunidades de Panares. Los dos hijos de **Mareoka** fueron el Cacique **Chiwiiri** y el Gran Chamán o *I'yan* **Koonam**.

Chiwiiri y **Koonam** fundaron una comunidad Panare donde nace el río Maniapure, más arriba del salto o cascada. **Chiwiiri** y **Koonam** fueron hombres muy sabios y su comunidad creció mucho y toda su gente los quería mucho. El *I'yan* **Koonam** se pintaba el cuerpo con onoto o achiote[1] y para las ceremonias especiales se cubría con una mezcla de onoto con oro en polvo; por eso **Koonam** brillaba como el sol del mediodía. **Chiwiiri** y todos los demás Panares se pintaban el cuerpo solamente con onoto y sus cuerpos eran rojos como el sol de los atardeceres. **Koonam** usaba su guayuco y sus bandoleras o *tokätaj* tejidos con cabellos negros de las mujeres Panares, por eso su guayuco y *tokätaj* eran negros y brillantes; mientras que los demás Panares los usaban tejidos con algodón y pintados de rojo con onoto. **Koonam** usaba

---

[1]   El onoto es la planta *Bixa orellana* cuya semilla está cubierta por una sustancia cerosa de fuerte color rojo o naranja utilizada para teñir los alimentos y hacerlos más atractivos y sabrosos. Los Panares también la utilizan para teñir sus textiles y pintarse el cuerpo.

también un sombrero muy delgado y alto que su mujer *Achöm* tejía con moriche, lo pintaba con polvo de oro y lo adornaba con plumas de la cola de guacamayas.

El Cacique *Chiwiiri* era un hombre muy alto y fuerte, era un hombre muy bueno que ayudó mucho a su pueblo a mejorar sus condiciones de vida. *Chiwiiri* sembró muchos moriches y pijiguaos arriba en las montañas y abajo en las sabanas. Enseñó a su gente a sembrar maíz y yuca, los enseñó a pescar y los enseñó que solamente se deben cazar los animales machos porque de las hembras depende que sigan habiendo machos y así poder seguir cazando.

El Cacique *Chiwiiri* enseñó a su pueblo Panare que las dantas hembras, los venados hembras, los chigüires hembras y todos los animales hembras no deben matarse porque ellas son las que tienen hijos y si se matan las hembras, se acaban los animales y los Panares se quedan sin comida.

Cuando se acercaba la entrada de las lluvias todos los Panares del Cacique **Chiwiiri** se reunían sobre una gran piedra para la ceremonia ritual de la fertilidad. Las mujeres se reunían en el medio y los hombres con sus cuerpos pintados con la mezcla de onoto y oro que hacía **Koonam**, bailaban alrededor de las mujeres dando saltos y cantando hasta la noche.

Nueve Lunas después, en la época del año cuando hay menos mosquitos y hay más alimentos para todos, nacían muchos niños Panares en la comunidad. Así la comunidad de **Chiwiiri** y **Koonam** fue creciendo cada vez más y todos los Panares eran muy felices y sanos. Sus hijos y nietos también tuvieron muchos hijos y fundaron después otras comunidades como Túriba, Chaviripa, Colorado, Manare, Guamal y otras.

Una noche de Luna Llena, cuando los hermanos **Chiwiiri** y **Koonam** ya estaban muy viejos, se fueron solos al borde de la montaña de las grandes piedras. **Koonam** tenía todo su cuerpo pintado con onoto y oro, llevaba puestos sus *tokätaj* negros, su guayuco también negro brillante y su sombrero de moriche con oro. **Chiwiiri** y **Koonam** estaban muy tristes porque estaban muy viejos y sabían que les quedaban pocos años de vida y no querían dejar a sus Panares.

Llegaron hasta las piedras más grandes de la montaña y ahí prendieron un fuego. Esa noche, **Chiwiiri** y **Koonam** pasaron muchas horas hablando cómo sería la vida de los Panares cuando ellos ya no estuvieran para ayudarlos.

Entonces se escuchó un trueno muy fuerte y apareció **Rupí**, el Espíritu Eterno de las Piedras y les preguntó por qué estaban tan tristes. **Koonam** le respondió a **Rupí**:

– Estamos tristes porque ya estamos muy viejos y no queremos dejar a nuestro pueblo.

Rupí, con su voz ronca y profunda les dijo:

– *Chiwiiri* y *Koonam* han sido hombres muy buenos. El pueblo Panare son gente buena que quiere mucho a ustedes y se pondrán muy tristes cuando ustedes ya no estén con ellos. Yo voy a ayudarlos.

– Pero... ¿Cómo podrás ayudarnos si pronto moriremos de viejos? - Preguntó *Chiwiiri*.

– Nosotros no queremos morir, queremos estar siempre con nuestro pueblo para guiarlos y ayudarlos a seguir por el camino bueno. – Le dijo *Koonam*.

Rupí se quedó en silencio por unos momentos y luego les dijo:

– Yo voy a ayudar a ustedes y a todos los Panares. *Chiwiiri* y *Koonam* no morirán y siempre estarán vigilando, ayudando y guiando su pueblo por los caminos del bien.

– Desde hoy, **Koonam** y sus mujeres **Achöm**, **Tupärän** y **Entyö** se convertirán en los primeros pájaros E'ñëpá que vivirán en estas rocas y serán los reyes de las montañas. En ninguna parte del mundo habrá un pájaro o un animal más bello que los pájaros sagrados E'ñëpá.

Koonam preguntó al gran **Rupí**:

– ¿Qué harán los pájaros E'ñëpá?

Rupí le contestó:

– Los pájaros E'ñëpá serán sagrados porque son los hermanos del alma de todos los Panares. Mientras hayan pájaros E'ñëpá viviendo en estas montañas habrán Panares felices. Tu pueblo debe cuidar mucho la montaña, debe cuidar los ríos, debe cuidar la selva y debe cuidar mucho los pájaros E'ñëpá. Cada hombre Panare, cada mujer Panare y cada niño Panare tendrá siempre su pájaro E'ñëpá que es su hermano del alma. Cuando muere un Panare también se muere el pájaro E'ñëpá que es su hermano del alma y cuando se muere un pájaro E'ñëpá se muere también su hermano del alma el Panare.

Chiwiiri escuchaba con mucha atención las explicaciones del Gran *Rupí* y *Koonam* preguntó de nuevo:

– ¿Cómo sabiendo Panare cuál pájaro E'ñëpá es su hermano del alma?

Con su voz de piedra *Rupí* le contestó:

– Nunca sabiendo Panare cuál E'ñëpá es su hermano del alma. Por eso todos los Panare deben cuidar y proteger a todos los pájaros E'ñëpá. Si un Panare mata un pájaro E'ñëpá en alguna comunidad se morirá el Panare que era el hermano del alma del E'ñëpá muerto. Desde hoy en adelante los Panares y los E'ñëpá deben vivir siempre juntos como buenos hermanos.

El Gran **Rupí** continuó con sus consejos y explicaciones:

– Los pájaros E'ñëpá deben vivir libres, en sus montañas, entre las piedras y cerca de los ríos porque es ahí donde ellos son felices, lo mismo que los Panares. Tu pueblo debe querer y

cuidar los pájaros E'ñëpá porque si ellos se acaban, se acabarán también las montañas, se acabarán los ríos y las grandes piedras rodarán para abajo y no quedará nada...

– ¿Cómo serán los pájaros E'ñëpá? - Preguntó **Koonam**.

– Serán como tú **Koonam**. Los machos serán brillantes como el sol del mediodía, con las puntas de las alas negras como tus *Tokätaj* y con un copete delgado y alto como tu sombrero de moriche y oro. Las hembras serán del color de la piel de las mujeres Panare y todos bailarán la ceremonia de la fertilidad como los Panares. Cuando un Panare vea un pájaro E'ñëpá recordará a su primer *I'yan*, el sabio **Koonam**.

Eran las doce de la noche y la Luna Llena estaba en la parte más alta del cielo. Un relámpago de oro cayó sobre **Koonam** y lo convirtió en el primer pájaro E'ñëpá. Luego llegaron volando sus mujeres **Achöm**, **Tupärän** y **Entyö** convertidas también en las primeras E'ñëpá hembras, se reunieron con **Koonam** y se fueron volando para el salto del río Maniapure.

Chiwiiri se había quedado mudo al ver lo que hizo **Rupí** con **Koonam** y con sus mujeres.

- ¿Yo también seré un pájaro E'ñëpá? - Preguntó **Chiwiiri** a **Rupí**.

- No **Chiwiiri**... Tú serás eterno como las piedras... A partir de este momento quedarás convertido en la montaña **Chiwiiri** y así podrás cuidar a tu pueblo. Todos los Panares tendrán a **Chiwiiri** para siempre y toda persona que te vea convertido en montaña dirá... *¡Qué grande es* **Chiwiiri!** *y a*sí todos los Panares siempre te recordarán como el Gran **Chiwiiri**.

Chiwiiri le dio las gracias al gran **Rupí** y en ese momento retumbó un trueno muy fuerte que escucharon todos los Panares, desde las cabeceras del Cuchivero hasta Caicara, desde Túriba hasta Chaviripa...

Al día siguiente los Panares se reunieron al pie de una nueva montaña que había aparecido cerca de la cascada del río Maniapure: el cerro del **Gran Chiwiiri**.

Pasaron los años, muchos años, llegaron los españoles a estas tierras de América y fueron fundando pueblos de criollos en todas partes. El tiempo ha cambiado algunas cosas, los Panares ahora se llaman a sí mismos **E'ñëpá** y a los pájaros, sus hermanos del alma, los llaman **Koonam** como su primer *I'yan,* pero los Panares siguen siendo gente buena, son los indígenas más amigables y siempre tienen sus cuerpos rojos como los pájaros E'ñëpá, como lo usaban **Koonam** y **Chiwiiri**.

Otros criollos llegaron al río Maniapure y preguntaron a un Panare como se llama esa montaña tan grande. El Panare le dijo: "*Ese es el **Gran Chiwiiri**"*. Después, esos criollos vieron en la orilla del río Tortuga un animal marrón, mamífero, más grande que un perro, que camina por la tierra y también nada muy bien en el agua. La cabeza de ese animal se parecía mucho a la montaña del ***Gran Chiwiiri*** y por eso los criollos llamaron a ese animal "Chigüire"[2] y después de mucho tiempo los Panares aprendieron también a decirle Chiwiiri o Chigüire a ese animal, pero

[2] Mamífero perteneciente al orden *Rodentia* (Roedores) y familia *Caviidae*, especie *Hydrochoerus hydrochaeris*, conocido comúnmente como chigüire (Venezuela), chigüiro (Colombia), capibara (Brasil) y carpincho (Argentina y Uruguay).

siempre deben recordar que el **Gran Chiwiiri** que está en la montaña fue el primero y el más sabio de los caciques o capitanes de los Panares.

Tiempo después unos criollos llegaron hasta la cascada del río Maniapure y vieron los pájaros E'ñëpá. Quedaron impresionados con la belleza de estos animales y le preguntaron a un Panare como se llaman esos pájaros. El Panare les dijo: *"Ese es el pájaro E'ñëpá, nuestro hermano del alma, pero nosotros lo llamamos **Koonam** porque ese pájaro fue el primer I'yan Panare y **Rupí,** el Espíritu Eterno de las Piedras, lo transformó en el primer pájaro E´ñëpá para que siempre acompañara a los Panares".*

Como los pájaros E'ñëpá viven siempre cerca de las grandes rocas y tienen una cresta de plumas que recuerda los gallos, los criollos lo llamaron "Gallito de las Rocas"[3]. Estas aves se reúnen una vez al año para la ceremonia de la fertilidad y realizan los mismos bailes y cantos que antiguamente hacían los primeros Panares.

Esta Leyenda debe ser transmitida a

---

[3] Gallito de las Rocas (*Rupicola rupicola*) es un ave del orden Passeriformes, familia Contingidae.

todos los Panares, a los criollos y a los extranjeros. Las montañas, las sabanas, los ríos, las piedras, la selva, los animales y los hombres son todos hermanos y deben ayudarse unos a otros. Si los hombres no cuidan las montañas, la selva, los ríos y los animales, todo se acabará y al final se acabarán también los hombres porque no tendrán comida, no tendrán agua y no tendrán dónde vivir.

EL MENSAJE

Los pájaros E´ñepá o Gallitos de las Rocas son aves que solo viven en zonas de bosques naturales, cercanos a corrientes de agua. Son muy sensibles a la intervención o modificación de las áreas donde viven. Siempre fueron pájaros sagrados para las culturas precolombinas y así deben continuar siendo.

Debemos ser contundentes en rechazar y combatir el comercio de estas aves y de sus plumas, porque para poder obtener las plumas hay que matar a los pájaros. No se deben comprar nunca adornos hechos con plumas de gallitos de rocas ni tampoco de otras aves como guacamayas, loros, paujíes y otras aves que pueden ser llevadas a la extinción por la excesiva presión de cacería impulsada por el comercio. Esa riqueza no es patrimonio de los Panares solamente, es patrimonio de la humanidad, incluyendo las futuras generaciones que también tienen derecho a disfrutar de esa belleza natural.

La edición de este libro fue culminada el
25 de Agosto de 2015.

EL AUTOR Y EDITOR

Antonio J. González-Fernández

**AGRADECE EL ENVÍO DE OPINIONES, COMENTARIOS
Y SUGERENCIAS SOBRE ESTA OBRA A:**

 ANGONFER@gmail.com

 https://www.facebook.com/ANGONFER

 @ANGONFER

 @antoniojotagonzalezfernandez

ESTE LIBRO FUE EDITADO POR

DocDigOri®

**DOCUMENTOS
DIGITALES
ORIGINALES®**